ED. PERELLÓ   LLIBRES ACADÈMICS

VALENCIANOS INMORTALES

ED. PERELLÓ
LLIBRES ACADÈMICS

La Colección Llibres Acadèmics está destinada a la difusión de estudios, monografías,
libros divulgativos, ensayos y textos de perfil
académico.

Entre sus publicaciones más recientes destacan: *Curiosidades sobre Valencia*, de Ismael
Martí; *Historia esencial de Valencia*, de Enrique Gallud; *Valencianos inmortales*, de Alejandro Alcalá, entre otros.

ALEJANDRO ALCALÁ

100 VALENCIANOS INMORTALES

MUJERES Y HOMBRES QUE HICIERON HISTORIA

EDICIONS PERELLÓ

© Del texto: Alejandro Alcalá
© Ed. Perelló, SL, 2024

Calle de la Milagrosa Nº 26, Bajo
46009 – Valencia
e-mail: info@edperello.es
http://edperello.es

I.S.B.N.: 978-84-10227-94-1
Depósito legal: V-1870-2024

Impreso en España

Este libro ha sido impreso en papel
ecológico procedente de bosques sostenibles.

Nota introductoria

¿Qué es un inmortal? ¿Alguien con poderes divinos, que no muere nunca? No necesariamente. Inmortales son aquellos cuyas obras los trascienden, aquellos que dejan una huella en la historia que hace que sean recordados mucho después de sus muertes.

En este libro presentamos, ordenados cronológicamente, a los valenciano y valencianas inmortales, los hombres y mujeres que dejaron una huella en la historia y por eso alcanzaron la deseada inmortalidad. Nombres imperecederos, obras que han influido en lo que somos.

ÍNDICE

Viria Acté

Nacida en el año 90 de Nuestra Era, en la Valencia romana, fue una mujer excepcional que dirigió un importante taller de escultura en la ciudad de Valentia, que era como se llamaba la ciudad del Turia en la época del Imperio Romano. En su taller fabricó estatuas y otros monumentos en piedra. Viria no limitaba sus intereses ni sus fuentes de ingresos a este taller, se cree que tuvo otros negocios y un gran patrimonio. Hizo restaurar el templo de Marte, que estaba muy dañado, lo que lleva a pensar que actuaba como una influyente y rica aristócrata, generosa hacia la ciudad donde había nacido. Todavía hoy se conserva una estatua de Viria en el Museo de la Almoina y diversas inscripciones con su nombre en Valencia, lo que prueba su influencia y rango social.

Ibn Ahmet Al-Mansur

Más conocido como San Bernardo de Alzira o San Bernardo Mártir, nace en Carlet en 1135 y muere en Alzira en 1181. Fue un príncipe y diplomático andalusí que se convirtió al cristianismo, siendo miembro religioso de la orden del Císter. Es un santo mártir de la Iglesia católica, venerado principalmente en la Comunidad Valenciana y en Cataluña. Las conmemoraciones más destacadas en su honor se celebran en las ciudades de Carlet y Alzira, de las que es patrón; y en el Monasterio de Santa María de Poblet, en Tarragona.

MUHÁMMAD IBN AL-ABBAR

Era originario de una influyente familia establecida desde antiguo en Onda, ciudad de la taifa de Valencia. Nació en el año 1199. Fue ulema, historiador de la vida intelectual de al-Ándalus y literato, poeta y prosista, y así se le abrieron las puertas de la administración. Fue secretario del gobernador de Valencia y se casó con una mujer de la familia de Ibn al-Wazir, originaria de Paterna. Es considerado como uno de los escritores más ilustres del siglo VI de la hégira. Escribió 45 libros, mucho de los cuales se han perdido. Trató en su obra diversos campos: biografías, crítica literaria, poesía, teoría religiosa, y ensayos.

Jaime I de Aragón

Conocido como Jaime el Conquistador, nació en Montpellier (Francia) en 1208, hijo de Pedro II el Católico, rey de Aragón y Conde de Barcelona, y de María de Montpellier. Fue Rey de Aragón (1213-1276), de Valencia (1239-1276) y de Mallorca (1229-1276), Conde de Barcelona (1213-1276), y señor de Montpellier (1219-1276). Consiguió reconquistar el reino de Valencia de manos musulmanas en 1213 y convertir las tierras del Turia en un reino diferenciado, unido a la Corona de Aragón, pero con independencia legislativa gracias a los Fueros de Valencia, *els Furs*.

SAN PEDRO PASCUAL ARNAU

Nació en Valencia, hacia el año 1227 y murió en Granada, el 6 de diciembre de 1300. Fue un religioso, obispo mercedario de Jaén y mártir español. Escribió obras claves para la medicina europea medieval y se le conocía como el "médico de Reyes y Papas". Arnau dominaba el hebreo, árabe, probablemente el griego y algunas lenguas vulgares de Francia e Italia; sin embargo, empleó únicamente dos para escribir sus obras: el latín y el valenciano.

PEDRO III DE ARAGÓN

Nació en Valencia, en 1240 y murió en Villafranca del Panadés, en 1285. Llamado el Grande, fue hijo de Jaime I el Conquistador y su segunda esposa. Sucedió a su padre en 1276 en los títulos de rey de Aragón, rey de Valencia y conde de Barcelona. Además, llegó a ser también rey de Sicilia.

Alfonso III de Aragón

Apodado el Liberal o el Franco, nace en Valencia en 1265. Fue rey de Aragón y de Valencia, y conde de Barcelona, entre 1285 y 1291, y rey de Mallorca entre 1286 y 1291. Su conquista de Menorca, la firma del Tratado de Tarascón por los conflictos derivados por la posesión de Sicilia y los conflictos con la nobleza aragonesa fueron los aspectos más significativos de su reinado. Falleció en Barcelona en 1291.

FRANCESC DE VINATEA

Nacido en Morella en 1273, fue un caballero del Reino de Valencia que ocupó el cargo de *Jurat en cap* (primer jurado) de la ciudad capital del reino. Se opuso a la política feudalizadora de Alfonso IV de Aragón, que pretendía dotar fuertemente al infante Fernando de Aragón, hijo de su segunda mujer (Leonor, hermana de Alfonso XI de Castilla) en perjuicio del heredero (el futuro Pedro el ceremonioso). Ante las alteraciones surgidas, el rey renunció a su proyecto. Falleció en Valencia en 1333. Vinatea es hoy en día una figura simbólica para los valencianos. Las Cortes de Valencia tienen unos premios con su nombre y existe una estatua de él en la Plaza del Ayuntamiento de la ciudad.

JUAN GILABERT JOFRÉ

Nace en Valencia en 1350, y fallece en la misma ciudad en 1417. Conocido como padre Jofré, dedicó su vida a la atención de los enfermos mentales. La Iglesia católica lo declaró Siervo de Dios. Después de presenciar el maltrato que se le daba a un loco en la calle, fundó un hospicio para enfermos mentales denominado *de los Santos Mártires Inocentes*, en el año 1409, con el objeto de recoger a los pobres dementes y expósitos. Este es el asilo mental más antiguo de occidente y considerado el primer centro psiquiátrico del mundo.

SAN VICENTE FERRER

Nació en Valencia en el año 1350, y falleció en Vannes, Francia en 1419. Fue un fraile dominico que destacó como predicador, lógico y filósofo. Como escritor forma parte del Siglo de Oro Valenciano. Sus viajes de predicación le granjearon el aprecio de la población de distintas regiones de Europa. Fue canonizado en 1455 y se convirtió así en el santo patrón principal tanto de la ciudad como del reino de Valencia. Según las leyendas populares de la época, San Vicente Ferrer tenía la capacidad de realizar milagros con su dedo índice. Por esta razón, se lo representa con un dedo índice alzado y un par de alas en su espalda.

Fray Bonifacio Ferrer

Nacido en Valencia en 1350, fue hermano de san Vicente Ferrer, conocido por ser el traductor de la Biblia al valenciano. Tras cursar estudios en la universidad de Perusa y la de Lérida, regresó a su tierra natal para ejercer diversas funciones oficiales en nombre del ayuntamiento valenciano y actuar como embajador del Reino de Valencia, donde muere en 1417. Su traducción de la Biblia al valenciano fue uno de los primeros libros en ser impresos en la península ibérica, aunque varios años después de su muerte, en 1478.

Calixto III

De nombre Alfonso de Borja, nació en Játiva en 1378 y murió en Roma en 1458. Fue el papa n.º 209 de la Iglesia católica, de 1455 a 1458. El mismo año de su elección promulgó una bula en la que predicaba la cruzada contra los turcos, que dos años antes se habían apoderado de Constantinopla. También inició la revisión del proceso contra Juana de Arco y canonizó a San Vicente Ferrer.

Inés Pedrós Alpicat

Moncada, 1388-1428. Fue una anacoreta española, conocida tras su muerte como «la Venerable Inés de Moncada». Cuenta la tradición que movida por una gran vocación religiosa intentó entrar en la Cartuja de Porta Coeli haciéndose pasar por hombre. El engaño fue rápidamente descubierto y la joven fue inmediatamente expulsada y buscó un refugio cercano al lugar donde poder vivir su vida de retiro y oración. Se ubicó en una cueva situada en el Monte de la Cantera o Rodeno de Santa Inés, donde en una cavidad de dos metros por cincuenta centímetros que daba entrada a un espacio de no más de cinco metros cuadrados, habitó alejada del mundo durante 20 años, hasta su muerte en 1428. El lugar es conocido y visitado por seguidores de la anacoreta.

AUSIÀS MARCH

Nació en Beniarjó, en 1397 y murió en Valencia, en 1459. Fue un poeta y caballero valenciano de la época medieval, originario de una familia de la pequeña nobleza y uno de los escritores más importantes del Siglo de Oro valenciano. En sus textos utiliza un valenciano muy depurado, desprovisto por vez primera de provenzalismos que hasta entonces poblaban la tradición poética valenciana.

Jordi de Sant Jordi

Caballero y escritor en valenciano, nacido entre 1399 y 1400 y muerto probablemente en el 1424 en el castillo de Vall de Uxó, hijo de musulmanes conversos. Tuvo el cargo de camarero real y disfrutó de la protección del rey Alfonso el Magnánimo. Escribió el poema *Presoner* (Prisionero), donde expresa su angustia y su añoranza por la suntuosa vida cortesana y su confianza en una breve liberación por parte del rey.

JAUME ROIG

Nació a comienzos del siglo XV y murió en Benimámet, en 1478. Fue un médico y escritor valenciano perteneciente al Siglo de Oro valenciano. Es autor de una de las grandes obras de la literatura valenciana medieval, titulada *Espill*, también conocida como *Llibre de les Dones* (Libro de las mujeres).

PERE COMPTE

También llamado Pere Comte (siglo XV). Natural de Gerona, aunque vecino y formado como arquitecto en Valencia, fue un verdadero exponente del estilo gótico valenciano. Como maestro de obras de la catedral de Valencia, se le atribuye la ampliación del primer tramo de la nave. Su obra más importante es la Lonja de Valencia (1483-1498). También intervino en la construcción de las Torres de Quart. Dirigió los trabajos de otros importantes edificios, entre los que destacan la catedral de Orihuela o la catedral de Tortosa. Murió en 1506 en la ciudad de Valencia.

Joanot Martorell

Conocido como Joan Martorell (Valencia, 1410-1465), fue un escritor y caballero valenciano, especialmente famoso por ser el autor de la novela de caballerías *Tirant lo Blanch,* la obra más publicada y leída de la literatura valenciana.

SOR ISABEL DE VILLENA

Valencia, 1430-1490. Fue hija bastarda de Enrique de Villena, miembro de la casa de Trastámara, regente en Aragón y Castilla. Era una religiosa, poetisa y prosista de la nobleza, la primera conocida en lengua valenciana. Destaca su icónica obra *Vita Christie* que de hecho es la única que se ha conservado y que está enmarcada en el protofeminismo español del siglo XV. Durante su vida religiosa se rodeó de un nutrido grupo de escritores que la respetaron especialmente por su altura intelectual y que consideraron su obra como indispensable en el Siglo de Oro valenciano.

Alejandro VI

De nombre Rodrigo Borgia, nació en Játiva en 1431 y murió en Roma en 1503. Hizo una rápida carrera eclesiástica a base de intrigas, bajo la protección de su tío, el papa Calixto III. Fue nombrado Papa en 1492. Fue quien declaró a Isabel y Fernando, "Los Reyes Católicos". Considerado un prototipo de príncipe del Renacimiento, que unía a su estilo de vida lujoso y corrompido la protección de las ciencias y las artes, su actividad como mecenas fue clave, protegió a artistas tan famosos como Miguel Ángel, Tiziano y El Bosco. Pero el mecenazgo más destacado de los Borgia fue al pintor, inventor y científico Leonardo da Vinci, quien diseñó numerosas máquinas de guerra para el ejército papal.

Joan Roís de Corella de Cabrera

Gandía, 1435 – Valencia, 1497. Fue señor de la alquería de Beneito y señor de Miraflor (comarca de la Marina Alta). Poeta, caballero y sacerdote valenciano del siglo XV, que escribió en valenciano. En su legado literario, tanto en prosa como en verso, se encuentran obras de temática religiosa, amatoria y de otros temas, y se dejan notar los indicios de la cultura y erudición del renacimiento.

Luis de Santángel

Valencia, 1435 – Alcalá de Henares, 1498. Fue un escribano y prestamista que frecuentaba la corte del rey Fernando el Católico en la Corona de Aragón. Fue determinante para la consecución de la expedición de Cristóbal Colón, al que conoció en 1486. Colón, tras entrevistarse con los reyes y no lograr convencerles, decidió marchar a Francia para ofrecer sus servicios a su monarca. En ese momento conoció a Santángel, quien tras conseguir que los reyes volvieran a escuchar al navegante y ofreciéndose él mismo para financiar el proyecto, propició que los monarcas aceptaran las condiciones impuestas por el futuro almirante en las Capitulaciones de Santa Fe, firmadas por Santángel como secretario del rey. Él asumió la dirección económica de la empresa, asegurando la parte que correspondía aportar a la Corona de su fortuna personal y sin intereses: 1 140 000 maravedíes.

GASPAR TORRELLA

Valencia, 1452 – Roma, 1520. Médico y eclesiástico. Notable matemático y conocedor de la teología; médico personal del Papa Alejandro VI. Firme partidario de la incorporación de la técnica a la Universidad, según el modelo de las universidades italianas y de la propia Montpellier. Fue, desde su fundación en 1499, uno de los impulsores de la introducción de la enseñanza de la cirugía en el Estudio General, la universidad de Valencia, la cual incorporó en forma de cátedra la "Lectura" o Escuela de Cirugía que ya existía en Valencia y que impartía desde su creación en 1462 una enseñanza teórica y práctica por parte de médicos universitarios.

JERÓNIMO TORRELLA

Valencia, 1456-1500. Médico y filósofo. Hermano de Gaspar Torrella. Los dos hermanos de Jerónimo también fueron médicos. Como otros jóvenes valencianos, los tres hermanos Torrella se trasladaron a Italia para los estudios universitarios. Jerónimo fue médico de Fernando el Católico y de Juana de Nápoles. Escribió varias obras de astrología, rama en la que destacó.

JUAN LUIS VIVES

Valencia, 1492 – Brujas, 1540. Fue filósofo y pedagogo. Figura destacada del humanismo renacentista en Europa, hombre ecléctico y universalista, que avanzó ideas innovadoras en múltiples materias y propuso acciones en favor de la paz y unión de los europeos. Escribió en Brujas su tratado sobre el pauperismo o socorro de los pobres (*De subventione pauperum*, 1526), en el que analizaba y sistematizaba la organización de ayuda a los indigentes y cómo debía realizarse su auxilio. Se considera a Vives la primera persona en Europa en planear un servicio público de asistencia social.

JUAN DE JUANES

Nacido en Fuente la Higuera, Valencia, en 1503 y fallecido en Bocairente en 1579. Se le conoce con este nombre a Vicente Juan Masip, pintor español del Renacimiento. Sus primeras obras las realizó junto a su padre, lo que ha creado serios problemas para determinar la autoría. Se piensa que ejecutó el Retablo de la Catedral de Valencia y muchas otras obras importantes de carácter religioso. Representante del Renacimiento valenciano en una época ciertamente convulsa por motivos religiosos y políticos, De Juanes consiguió crear un estilo propio y unos tipos iconográficos que serían repetidos por sus seguidores.

Lluís Alcanyís

Játiva, La Costera, siglo XV – Valencia, 1506. Fue un poeta y médico valenciano. De familia judía conversa, ocupa la primera cátedra de medicina en la recientemente creada Universidad de Valencia. Muy poco de su actividad literaria se ha conservado. La Inquisición instaurada por los Reyes Católicos lo acusó de practicar el judaísmo a él y a su mujer. Murieron los dos quemados en la hoguera el 1506. Actualmente el hospital de Játiva lleva su nombre, así como una Fundación de la Universitat de València.

Francisco de Borja y Aragón

También conocido como San Francisco de Borja (Gandía, 1510 – Roma, 1572) fue III General de la Compañía de Jesús, IV duque de Gandía, I marqués de Lombay, grande de España y virrey de Cataluña. Hijo de Juan de Borja y Enríquez de Luna, III duque de Gandía, y de Juana de Aragón y Gurrea, hija natural de Alonso de Aragón, virrey de Aragón, hijo ilegítimo del rey Fernando II de Aragón, y de Ana de Gurrea, vizcondesa de Evol. Por parte de su padre, era bisnieto del papa Alejandro VI (Rodrigo de Borja). Bajo su administración la obra misionera se incrementó y fue próspera. La Compañía fundó nuevas misiones en Florida, México y Perú. Se incrementó la penetración en Brasil. Fue canonizado en 1671, por el papa Clemente X.

JUAN DE TIMONEDA

Valencia, 1518 – 1583. Escritor, dramaturgo y editor español. Es conocido fundamentalmente por su labor compilatoria de poesía popular (lírica cancioneril y romances), por sus ediciones de teatro (a su labor debemos el conocimiento de los pasos de Lope de Rueda) y por su conjunto de relatos *El patrañuelo* (Valencia, 1567), adaptaciones de *novelle* italianas del estilo de Boccaccio. Publicó casi toda su obra en castellano, aunque también dio a la imprenta libros en valenciano: una antología de poesía trovadoresca titulada *Flor de enamorados* y algunos autos sacramentales.

JERÓNIMA GALÉS

Fue una destacada impresora valenciana del siglo XVI. Tras la muerte de su marido, en 1556, se hizo cargo de la imprenta familiar, figurando como viuda de Juan Mey. En 1559 se casó con Pedro Huete, pero hasta 1568 siguió utilizando el nombre de «Juan Mey» y «En casa de Juan Mey». A partir de entonces utilizó el nombre de Pedro Huete como impresor, hasta su muerte en 1580, donde Jerónima apareció de nuevo como "Viuda de Pedro Huete", hasta 1587, fecha en la que se cree que murió. Escribió un soneto, que publicó en los preliminares de la traducción castellana de *El libro de las historias*, de Paulo Jovio, impreso por ella misma en el año 1562, en el que reivindicaba su experiencia y conocimiento de la profesión que ejercía. El taller familiar de los Mey imprimió más de 250 libros. Entre los encargos figuraban las instituciones valencianas más importantes de la época, como «l'Estudi General», «el Consell Municipal», «la Generalitat», «l'Arquebisbat de Valencia» o el «Hospital General».

SAN LUIS BERTRÁN EIXARCH

Más conocido como San Luis Beltrán (Valencia, 1526 – 1581), santo de la orden de los dominicos, canonizado por el papa Clemente X en 1671. Se afirma de él que era taumaturgo y realizaba muchos prodigios. Se menciona, por ejemplo, que puso fin a sequías con una simple oración, que con una bendición hizo que un árbol diera frutos de manera instantánea, que caminó sobre las aguas y que para demostrar a un encomendero en Colombia que se estaba alimentando de la sangre indígena, al explotarlos, exprimió las arepas preparadas para la comida, produciendo un chorro de sangre sobre la mesa.

Francisco Ribalta

Solsona, Lérida, 1565 – Valencia, 1628. Pintor barroco español, establecido desde 1599 en Valencia, donde en fechas muy tempranas cultivó un naturalismo de cuño personal e intenso claroscuro que llegaría a ser la seña de identidad de la escuela valenciana del siglo XVII. Situado cronológicamente en los orígenes de la pintura barroca española, la obra de Ribalta constituye el vínculo entre el último manierismo y las nuevas corrientes barrocas.

GUILLEM DE CASTRO

Valencia, 1569-1631. Dramaturgo considerado como el más importante de la escuela valenciana de fines del siglo XVI y uno de los más señeros de la comedia nueva lopesca. Contando sus comedias publicadas —un total de 26— y las que se le pueden atribuir, se conservan de este autor alrededor de 35 obras dramáticas. Su fama se debe principalmente a su obra *Las mocedades del Cid* (escrita entre 1605 y 1615), basada sobre el ciclo de romances cidianos, que fue imitada por Pierre Corneille en *Le Cid* (1636).

José de Ribera

Játiva, 1591 – Nápoles, 1652. Pintor, dibujante y grabador del siglo xvii, que desarrolló toda su carrera en Italia, inicialmente en Roma y posteriormente en Nápoles. Fue conocido por su nombre italianizado Jusepe Ribera y por el apodo Lo Spagnoletto («El Españolito») debido a su baja estatura y a que reivindicaba sus orígenes, siendo común que firmara sus obras como español, valenciano y setabense. El apoyo de los virreyes y de otros altos cargos de origen hispano explica que sus obras llegasen en abundancia a Madrid. Actualmente el Museo del Prado posee cincuenta y seis cuadros suyos, otros siete atribuidos y once dibujos, lo que en total supone uno de los mayores y mejores compendios de su obra incluyendo varias piezas maestras.

Raimundo Rabasa de Perellós y Rocafull

Valencia, 1635 – La Valeta, 1720. Fue un aristócrata y militar español que llegó a ser el sexagésimocuarto Gran maestre de la Orden de Malta desde 1697 hasta su muerte. En 1697 se convirtió en príncipe soberano de Malta y en Gran maestre de la Orden, y durante su mandato se produjo un notable crecimiento de la Hacienda, el ejército y la marina. Felipe V le encomendó la lucha contra los corsarios en las costas levantinas entre 1713 y 1714. Fue enterrado en la iglesia de San Juan de La Valeta, en un mausoleo esculpido por Giuseppe Mazzuoli.

Tomás Vicente Tosca

Valencia, 1651 – 1723. Matemático, físico, arquitecto, astrónomo, cartógrafo y teólogo. Conocido popularmente como el "capellá de les ratlletes", por su afición a llevar un papel y un lápiz para dibujar. Entre su obra cartográfica destaca el Plano de la Ciudad de Valencia, que podemos ver en el Ayuntamiento de la capital del Turia.

JUAN BAUTISTA CORACHÁN

Valencia, 1661 – 1741. Matemático, teólogo, físico, astrónomo y científico español, uno de los novatores o preilustrados españoles. Se doctoró en Teología por la Universidad de Valencia. Estudió además Matemáticas, y antes de los veinte años publicó su *Ameno y deleitable jardín de Mathemáticas*. Escribió un tratado de Hidrometría y actuó a menudo como asesor de la Fábrica de Murs i Valls, organismo encargado de las faenas de drenaje urbano y encauzamiento del río Guadalaviar como defensa contra las inundaciones. Fue una de las figuras más destacadas entre los novatores.

Jorge Juan y Santacilia

Novelda, Valencia, 1713 – Madrid, 1773. Fue un eminente marino, ingeniero naval y científico español. Midió la longitud del meridiano terrestre durante la Misión Geodésica hispanofrancesa, demostrando que la Tierra está achatada en los polos. Reformó el modelo naval español. Es uno de los destacados iniciadores de la Escuela Universalista Española del siglo XVIII.

ANTONIA GÓMEZ

Valencia, 1715-1780. Fue viuda de Orga y propietaria de una de las imprentas más famosas de Valencia durante el siglo XVIII. Mujer «invisible» detrás de la imprenta más famosa del siglo XVIII. Era esposa del reputado impresor Joseph de Orga. Tras el fallecimiento de este, Antonia tuvo que asumir el oficio para sacar a su familia adelante. Fundó una imprenta propia en la calle Creu Nova, frente al Colegio el Patriarca. Imprimió gran parte de los libros que se estamparon en Valencia durante su época.

María Ladvenant y Quirante

Valencia, 1741 – Madrid, 1767. Actriz del siglo XVIII. Primera dama de los teatros de la Corte de Carlos III, murió con apenas 25 años. Ladvenant, por sus méritos como actriz y quizá también por su romántica muerte en "la flor de la vida", fue elogiada y cantada por intelectuales de la época. Para José Cadalso, nacido el mismo año que la actriz, fue "reina de los teatros"; "incomparable y grande" para el dramaturgo y poeta Moratín; y "la que anda en campos de luz paciendo estrellas" para Jovellanos.

Antonio José de Cavanilles

Valencia, 1745-1804. Botánico y naturalista que se interesó por la agricultura y las costumbres de Valencia, de lo que hay testimonio en sus *Observaciones sobre la historia natural, geografía, agricultura, población y frutos del reino de Valencia* (1795-1797). Fue un científico ilustrado y naturalista español, uno de los autores principales de la Escuela Universalista Española del siglo XVIII. Se convirtió en uno de los divulgadores científicos más importantes de su época.

Vicente Martín y Soler

Valencia, 1754-1806. Compositor de reconocido prestigio internacional, llamado popularmente Martini lo Spagnolo o el Mozart valenciano, fue conocido principalmente como autor de óperas y ballets. Alcanzó un reconocido prestigio internacional y trabajó en Italia, Austria y el Imperio ruso. No se cuenta con demasiada información sobre sus primeros años de vida. Sin embargo, Vicente alcanzó una carrera prolífica al componer música muy apreciada por sus contemporáneos.

Francisco José Buenaventura

De nombre completo Francisco José Buenaventura de Paula Martí y Mora (Játiva, 1761 – Lisboa, 1827), fue un grabador, introductor de la taquigrafía en España, criptógrafo y dramaturgo español. De ideología liberal, fue impresor en la Imprenta Real de Cádiz desde 1811; compuso durante la Guerra de la Independencia (1808-1814) y durante el Trienio Liberal (1820-1823) diversas piezas teatrales satíricas en que atacaba a los enemigos de la Constitución de 1812. Las tres ediciones de su *Taquigrafía* aparecieron en 1813, 1821 y 1824, y ayudaron a popularizar el lenguaje taquigráfico en España.

VICENTE LÓPEZ PORTAÑA

Valencia, 1772 – Madrid, 1850. Fue un pintor español de transición entre el neoclasicismo y el romanticismo. El sentido realista que demuestra en sus retratos hizo que Fernando VII lo nombrase Primer Pintor de Cámara en 1815. En Madrid se convirtió en el pintor de moda entre la aristocracia y alta burguesía. En 1826 realizó su obra más conocida, el *Retrato del pintor Francisco de Goya*, y en 1831 hizo el retrato de *Fernando VII con el hábito de la Orden del Toisón de Oro*. Muy hábil en el dibujo y en la plasmación de las texturas, se mantuvo activo y en plenas facultades hasta edad muy avanzada, llegando a ser también Primer Pintor de Cámara de Isabel II.

RAFAEL ESTEVE VILELLA

Valencia, 1772 – Madrid, 1847. El último de los grandes maestros del grabado de reproducción y uno de los más destacados representantes del romanticismo en España. Miembro de una familia de artistas, fue hijo del escultor José Esteve Bonet y sobrino del pintor Agustín Esteve. Entre sus obras cabe destacar algunos de los grabados que ilustran la edición del *Quijote*, editada en la Imprenta Real, 1797-1798. En 1839 obtuvo el mayor éxito de su carrera al ganar la medalla de oro de la Exposición de París por su reproducción al aguafuerte y buril del cuadro de Murillo *Moisés haciendo brotar el agua de la roca*. Fue premiado con la Cruz de Carlos III y nombrado director honorario de la Academia de San Carlos.

SIMÓN DE ROJAS

De nombre completo Simón de Rojas Cosme Damián Clemente y Rubio (Titaguas, Valencia, 1777 – Madrid, 1827). Botánico considerado el padre de la ampelografía moderna. Desarrolló el primer método científico para describir las variedades de vid mediante el examen del material que recogió en Andalucía entre 1802 y 1804. El Real Jardín Botánico de Madrid conserva las muestras que recogió (hojas y brotes). Este herbario, el más antiguo de todos los herbarios de variedades de vid, es invaluable para estudios ampelográficos y proporciona una visión única del cultivo de la vid a principios del siglo XIX.

Vicente Doménech

Conocido por el sobrenombre de "El Palleter", fue un personaje popular y destacado en la Guerra de la Independencia Española y que, según la tradición, sería el primero en alzar su grito de revuelta contra los franceses en Valencia. Nacido en Paiporta en 1783, a los ocho años se trasladó al barrio de Patraix con unos familiares. Su indumentaria consistía en un traje de huertano o de "saragüell", con una faja roja en la cintura. Su trabajo consistía en vender pajuelas inflamables (oficio que daría nombre a su apodo).

JOSÉ MARTÍNEZ SÁNCHEZ

Valencia, 1807-1874. Fotógrafo considerado uno de los primeros maestros de la imagen. Se trasladó a Madrid para abrir un estudio de fotografía en la Plaza del Sol. Junto con Jean Laurent inventó el papel fotográfico, que permitió disminuir el uso de la plata en la reproducción de los daguerrotipos, abaratando los costes. Este nuevo método hacía posible que el retratado obtuviese su fotografía en media hora, cuando antes debía esperar varias horas. Martínez Sánchez trabajó para el Gobierno a la hora de fotografiar obras públicas y sacó retratos de la realeza española.

Josep Bernat i Baldoví

Sueca, Valencia, 1809-1864. Fue un escritor y poeta célebre fundamentalmente por sus sainetes. Su obra más conocida es el sainete satírico-erótico *El Virgo de Vicenteta*. Desde los 24 años sufrió sordera, por lo cual le pusieron el apodo en valenciano antiguo *Lo sord*, es decir, El sordo. Fue diputado a Cortes por Sueca y más tarde alcalde de esta ciudad. Su producción literaria en valenciano es de carácter satírico y sin pretensiones cultas, por lo que se le llama el Quevedo valenciano. Fue autor de los primeros llibrets de falles (1850-1861) y se le considera el pionero del teatro popular valenciano.

Vicente Boix Ricarte

Játiva, Valencia 1813 – Valencia, 1880. Escritor, periodista, catedrático e historiador español, presidente honorario de Lo Rat Penat. Catedrático de latín y cronista oficial de Valencia desde 1848. Contribuyó a crear en esta ciudad los Juegos Florales. Fue presidente de la Real Academia de San Carlos y socio de mérito de la Real Sociedad Económica de Amigos del País de Valencia, en la que presidió la sección de Literatura, colaborando muy activamente en proyectos como la Sociedad Arqueológica Valenciana. Su trabajo más duradero, de consulta todavía obligada, es su monumental *Historia de la ciudad y reino de Valencia* (1845-1847), en tres volúmenes.

AMALIA FENOLLOSA PERIS

Valencia, 1825-1869. Poeta y escritora destacada del Romanticismo español. Nacida en Castellón de la Plana quedó huérfana de padre a los 13 años. En 1841 fue nombrada socia corresponsal de la Academia Literaria de Santiago de Compostela y en 1842 fue socia de mérito del Liceo de Valladolid y al año siguiente del Liceo de Valencia. En 1846 fue nombrada miembro corresponsal de la Sociedad Filomática de Barcelona.

Teodoro Llorente Olivares

Valencia, 1836-1911. Poeta, traductor y escritor en lengua valenciana y castellana. Se le considera el poeta más importante de la Renaixença valenciana. Su obra en valenciano se reduce a *Llibret de versos* de 1884, libro del que se publicó una segunda edición aumentada en 1902 con prólogo de Menéndez Pelayo. Llorente fue también un buen traductor al español de Lord Byron, Goethe, Schiller y Heine. Especial interés tiene su fiel traducción en prosa de las *Fábulas* de Jean de La Fontaine, en 1885.

Antonio Muñoz Degrain

Valencia, 1840 – Málaga, 1924. Pintor de paisajes y obras de temática histórica, inspirada en pasajes literarios y asuntos orientalistas. Se le ha considerado uno de los padres del luminismo valenciano, aunque no ajeno a los preceptos románticos y simbolistas. Puso en práctica un uso violento y estridente del colorido y una factura atrevida, a los que pocos artistas de su época llegaron a atreverse, que indudablemente, lo acercaron a los pintores más destacados de la modernidad.

MANUEL CANDELA

Valencia, 1847-1919. Obstetra y ginecólogo fundador, junto a Francisco de Paula Campá y Porta, de la
tocoginecología valenciana en el siglo XIX. Secretario
perpetuo de la Academia de Bellas Artes de San Carlos de Valencia y director del Museo de Bellas Artes de
Valencia. Estudió Filosofía y Letras en la Universidad
de Valencia y desempeñó el cargo de oficial del Archivo
Municipal de la capital del Turia. En reconocimiento a su
trayectoria investigadora, la Real Academia de San Carlos le distinguió entre uno de sus miembros de número,
designándole secretario general de la institución, cargo
que desempeñó hasta su fallecimiento.

Ignacio Pinazo Camarlench

Valencia, 1849 – Godella, 1916. Pintor de estilo impresionista. Trabajó con colores oscuros, como el negro, el marrón y los colores terrosos, mezclados con la brillante paleta impresionista. A partir de su primera estancia en Italia, desarrolla en cascada visiones y anotaciones más impresionistas. Va desarrollando un informalismo emocional, autónomo y expresivo que, progresivamente, domina su obra. De ser una artista que bebe de la cultura del naturalismo, evoluciona hacia visiones y tensiones más psicológicas y emotivas con el cambio de siglo.

RUPERTO CHAPÍ LORENTE

Villena, 1851 – Madrid, 1909. Prolífico compositor de zarzuelas que también creó música de cámara (cuatro cuartetos) y sinfónica. Entrado el siglo xx escribió cuatro son sus obras esenciales: *La patria chica, La venta de Don Quijote, Circe* (1902) y *Margarita la Tornera* (1909). Fue el fundador de la Sociedad General de Autores y Editores (S.G.A.E.), en 1893, una organización destinada a proteger los derechos de los compositores, para evitar plagios y para el control de las representaciones o interpretaciones de una obra. También fue maestro de Manuel de Falla.

FERNANDA FRANCÉS ARRIBAS

Valencia, 1862 – Madrid, 1939. Pintora conocida por sus bodegones y flores. Fue profesora en Madrid de la Escuela de Artes y Oficios y de la Escuela del Hogar y Profesional de la Mujer. No tuvo la oportunidad de hacer estudios reglados por su condición de mujer. Su padre fue quien le enseñó a pintar y tuvo éxito en las Exposiciones Nacionales de Bellas Artes. La popularidad de Fernanda Francés Arribas fue ganando fuerza, llevándola a exponer en Buenos Aires y Chicago, además de en París, Berlín o Múnich. Su obra más célebre fue "Jarrón de lilas", que se expone en el Museo del Prado.

Concepción Aleixandre Ballester

Valencia, 1862-1952. Maestra, médica, ginecóloga, inventora, activista, feminista, sufragista y científica. Perteneció a diversas instituciones como el Consejo Nacional de Mujeres (1919), la Sociedad Ginecológica Española (1892) y la Asociación Española para el Progreso de las Ciencias. Primera abogada colegiada en España. Concepción Aleixandre fue una de las personalidades firmantes del manifiesto a favor de que Emilia Pardo Bazán fuera nombrada miembro de la Real Academia Española de la Lengua.

Manuela Solís

Valencia, 1862-1910. Ginecóloga conocida por ser la primera universitaria valenciana y primera mujer que obtuvo la licenciatura en medicina en la Universitat de València. Con dieciséis años, realizó el examen de ingreso en el Instituto de Valencia, convirtiéndose también en una de las primeras mujeres en cursar en ese centro estudios el Bachillerato.

Mariano Benlliure Gil

Valencia, 1862 – Madrid, 1947. Escultor considerado como el último gran maestro del realismo decimonónico. Por su obra recibió la Legión de Honor, de Francia y la medalla especial del emperador Francisco José. En 1900 ganó en la Exposición Universal de París la Medalla de Honor en Escultura por un conjunto de obras entre las que destacan el Mausoleo de Gayarre. En España recibió la Medalla de Oro del Círculo Bellas Artes de Madrid en 1924, por el busto *La lección*. Fue presidente de la Asociación de Escritores y Artistas Españoles durante el periodo 1929-1947. Además, fue director de la Academia de España en Roma, director general de Bellas Artes y director del Museo de Arte Moderno de Madrid.

Joaquín Sorolla

Valencia, 1863 – Madrid, 1923. Uno de los pocos pintores que ha podido disfrutar en vida de su éxito. Ha tenido gran popularidad por todo el mundo, sobre todo en EEUU, donde sus pinturas siguen siendo de las más conocidas. Su casa en Madrid se ha convertido en un museo en su honor. Joaquín Sorolla fue un pintor que dejó más de 2 mil obras, catalogadas como impresionistas, posimpresionistas y luministas. Entre sus oleos destacan los pintados en 1916 dedicados a niños y mujeres en las playas de Valencia, donde predomina la libertad de pincelada y la luz de su tierra.

CARLOS ARNICHES BARRERA

Alicante, 1866 – Madrid, 1943. Comediógrafo de la generación del 98. Fecundo autor de sainetes y farsas, se recuerda sobre todo como pintor de los ambientes populares de Madrid, cuyo chulesco y castizo lenguaje supo recrear de forma inimitable, inspirándose en la zarzuela y en el teatro del siglo XIX. Recogió algunos de sus sainetes en *Del Madrid castizo* y creó un género cómico nuevo que denominó tragedia grotesca, donde expresaba sus inquietudes sociales y regeneracionistas.

JOSEP SANCHIS SIVERA

Valencia, 1867-1937. Canónigo e historiador, dirigió el Centro de Cultura Valenciana desde el año 1927 hasta su muerte. Fue uno de los signatarios de las Normas de Castellón de 1932, en que se unificaba la ortografía de la lengua valenciana. Su *Bibliografía valenciana medieval* fue galardonada por Lo Rat Penat en 1927. También publicó numerosos estudios sobre el santo valenciano Vicente Ferrer y varios libros de viajes y narrativa, tanto en castellano como en valenciano.

VICENTE BLASCO IBÁÑEZ

Valencia, 1867 – Menton, Francia, 1928. Es uno de los escritores realistas más famosos de la literatura en lengua española. Intentó reflejar en sus obras la situación de la época con sus libros y desde los periódicos que fundó o en los que colaboró. En torno a su figura y al periódico *El Pueblo*, fundado y dirigido por él, se desarrolló en la ciudad de Valencia un movimiento político republicano conocido como blasquismo. Sus obras ambientadas en Valencia, como *Arroz y tartana* (1894), *Cañas y barro* (1902) o *La barraca* (1898), consiguieron atraer el interés de muchos lectores por la región y han sido ampliamente editadas, traducidas y llevadas al cine y la televisión.

MARIÀ JORNET I PERALES

Bélgida, Valencia, 1869-1953. Militar y arqueólogo valenciano. Ingresó en la Academia General Militar de Toledo en 1892, siendo destinado a Cuba, donde permaneció hasta 1898 y alcanzó el rango de teniente. En 1919 fue nombrado teniente coronel y en 1931 se retiró del servicio activo. Publicó varios estudios de arqueología y unas memorias de su estancia en el Caribe. Durante 25 años fue colaborador del Museo de Prehistoria de Valencia, que fue creado a partir de colecciones como la suya. Su colección arqueológica se puede ver tanto en el Museo de Arqueológico de Valencia como en el museo que fundó su pueblo.

Luis Fullana Mira

Alicante, 1871 – Madrid, 1948. Gramático, erudito y religioso español. Formó parte de la orden franciscana a partir de 1890, ejerció como profesor en el colegio La Concepción y en los colegios franciscanos de Benisa y Onteniente. Fue académico del Centro de Cultura Valenciana (1918-1928) y de la Real Academia Española de la Lengua (RAE), de 1928 a1948. Formó parte del Instituto de Estudios Valencianistas del Centro Mercantil y fue catedrático de la Universidad de Valencia.

José Calixto Serrano Simeón

Sueca, 1873 – Madrid, 1941. Compositor conocido por sus más de cincuenta zarzuelas. Autor, entre otras, de las famosas composiciones *La reina mora, La canción del olvido, La dolorosa* y *Los claveles,* se le considera el heredero musical de Federico Chueca. Las obras de Serrano tienden hacia un teatro popular, simple pero cargado de emoción dramática. La influencia de Giacomo Puccini y el verismo italiano es evidente en sus obras. Compuso el himno de la Exposición Regional Valenciana de 1909, que ha sido adoptado oficialmente como *Himno de la Comunidad Valenciana.*

José Martínez Ruiz

Más conocido por su seudónimo Azorín (Monóvar, Valencia, 1873 – Madrid, 1967). Escritor perteneciente a la generación del ´98, que cultivó diversos géneros literarios: la novela, el ensayo, la crónica periodística y la crítica literaria y, en menor medida, el teatro. Autor de ensayos como *El alma castellana* (1900), *Los pueblos* (1904) y *Castilla* (1912), aunque se le reconoce principalmente por sus novelas autobiográficas *La Voluntad* (1902), *Antonio Azorín* (1903) y *Las confesiones de un pequeño filósofo* (1904). En 1924 fue elegido miembro de la Real Academia Española. En 1946 se le otorgó la Gran Cruz de la Orden Civil de Alfonso X el Sabio.

RICARDO VERDE RUBIO

Valencia, 1876-1954. Pintor valenciano. Nació en la calle San Ramón número 5, en pleno centro del barrio del Carmen de Valencia. Realizó numerosos retratos y autorretratos. Su repertorio se amplió a todos los géneros, desde retratos, a bodegones, pasando por el paisaje y la figura, desnudos de clásica hechura inspirados en Tiziano, todo esto sin abandonar el influjo sorollista. Fue estudiante, profesor de Dibujo y Grabado y académico de la Academia de Bellas Artes de San Carlos. Parte de su obra engrosa los fondos de la Academia de San Carlos.

Nicolau Primitiu Gómez Serrano

Sueca, 1877 – Valencia, 1971. Historiador, industrial, escritor, lingüista, bibliófilo y editor valenciano. En 1945 dirigió las investigaciones sobre los restos arqueológicos encontrados bajo el Palacio de la Generalidad Valenciana durante la construcción de una torre. En 1921, año de su creación, presidió la sección de arqueología del Centro de Cultura Valenciana. La donación de su biblioteca, compuesta por más de 40.000 volúmenes, fue el núcleo principal de la Biblioteca Valenciana, cabecera del sistema bibliotecario de la Comunidad, que desde el año 2010 se denomina Biblioteca Valenciana Nicolau Primitiu.

MARIA CAMBRILS

Nació en 1878 en El Cabañal. Esta escritora y feminista española de origen muy humilde ha pasado a la
historia gracias a sus numerosos artículos publicados en
la prensa obrera de la época, que marcaron un antes y
un después en el género, especialmente *El Socialista*. Es
autora del libro *Feminismo socialista* (1925) un referente
sobre los derechos de las mujeres y la acción feminista y
socialista. Falleció en Pego (Alicante) en 1939.

GABRIEL MIRÓ FERRER

Alicante, 1879 – Madrid, 1930. Escritor encuadrado habitualmente en la llamada generación del '14 o el novecentismo. Sus obras, calificadas de novelas líricas y poemas en prosa, abundan en sensuales descripciones paisajísticas. La mayor parte de la crítica considera que la etapa de madurez literaria de Gabriel Miró se inicia con *Las cerezas del cementerio* (1910), cuya trama desarrolla el trágico amor del hipersensible joven Félix Valdivia por una mujer mayor (Beatriz) y presenta —en una atmósfera de voluptuosidad y de intimismo lírico— los temas del erotismo, la enfermedad y la muerte.

Salvador Tuset Tuset

Valencia, 1883-1951. Pintor y escultor. Nace en Valencia, en la calle la Conquista número 2 en el Tros Alt, en pleno centro histórico de Valencia, donde sus padres poseían un horno-panadería. Estudió en el colegio de los Padres Escolapios. Profesor de la Escuela de Artes y oficios de Burjasot. Ha sido catalogado como el mejor pintor español de interiores. De 1903 a 1908 trabaja con Sorolla en su estudio de Madrid, naciendo entre ellos una gran amistad y admiración mutua. A los 27 años, en 1911, gana la plaza de pensionado de pintura en la Academia Española de Bellas Artes de Roma. En 1918 se traslada definitivamente a Benicalap, a "Villa Elvira", donde vivirá hasta su muerte y donde realizará la mayor parte de sus interiores y retratos.

LUCRECIA BORI

Valencia, 1887 – Nueva York, 1960. Soprano, cuyo nombre completo era Lucrecia Borja y González de Riancho. Sintió desde muy temprana edad una enorme atracción por el *bel canto* y con tan solo seis años, actuó en el Paraninfo de la Universidad de Valencia a beneficio de los huérfanos de la guerra de Cuba. Estudió en el Conservatorio de Valencia y más tarde en Milán. Fundó la Sociedad de amigos del Metropólitan y a través de ella, Lucrecia se convirtió durante más de 30 años, en una autoridad de la ópera neoyorquina. En 1960 murió en Nueva York y sus restos fueron trasladados a su Valencia natal.

Manuel Aguilar Muñoz

Tuéjar, Valencia, 1888 – Madrid, 1965. Editor, crea-
dor de la exitosa empresa Editorial Aguilar. En 1959
concedió a Marino Gómez-Santos una larga entrevista
publicada en el diario *Pueblo* y en ese mismo año fundó
en Tuéjar, su pueblo natal, la Biblioteca Municipal que
lleva su nombre y a la cual dio sus primeros 2000 libros;
después siguió haciendo donaciones hasta su muerte.
En 1963 escribió *Una experiencia editorial*, su autobio-
grafía como editor. En 2009 se creó en Tuéjar el Museo
del Libro Manuel Aguilar Muñoz en su honor.

RAFAEL PÉREZ Y PÉREZ

Cuatretondeta, Alicante, 1891-1984. Popular escritor de más de 160 novelas rosas, publicadas entre 1922 y 1971. Sus libros fueron traducidos a 22 idiomas y vendieron millones de ejemplares hasta la década de 1980. La mitad de sus novelas son de una cuidada ambientación histórica, muchas de ellas ubicadas en la Edad Media. Sus ficciones fueron objeto de numerosas reediciones a lo largo de décadas por parte de la Editorial Juventud.

Arturo Ballester Marco

Valencia, 1892-1981. Diseñador gráfico, ilustrador y cartelista español, hermano del también artista Vicente Ballester Marco (1887-1980), ambos de ideología anarquista. Arturo Ballester se formó en la Escuela de Artes y Oficios de Valencia y en la Real Academia de San Carlos, donde se inició como pintor de abanicos e ilustrador para varias revistas regionales. Fue colaborador de la editorial de Blasco Ibáñez, con portadas de libros como la *Historia de la revolución rusa* de León Trotski o los *Viajes a Oriente* de Alphonse de Lamartine.

Ascensión Chirivella Marín

Valencia, 1894 – Ciudad de México, 1980. Fue la primera licenciada en Derecho que pudo colegiarse en España para ejercer como abogada. También se había licenciado en Filosofía y Letras y en Magisterio. Su nombre honra diferentes calles y plazas, en Segorbe y en la ciudad de Valencia. También el Salón de Grados de la Facultad de Derecho de Valencia lleva el nombre de Ascensión Chirivella.

Regino Mas Marí

Benifaió, 1899 – Valencia, 1968. Empezó su vida profesional como pintor y aprendiz de escenografía, pero ya de muy joven sintió el deseo de construir fallas. Realizó más de 70 fallas de gran calidad. Creó Acció d'Art con un grupo de artistas falleros que formaban parte del Círculo de Bellas Artes. Posteriormente, en 1932, surgiría la Asociación de Artistas Falleros de la cual fue presidente a partir de 1935. Fue contratado para realizar decorados para las superproducciones de las películas *Cincuenta y cinco días en Pekín* (1963) y *La caída del Imperio Romano* (1964). Diseñó diferentes carrozas para festividades en Nueva Orleans y para los carnavales de Estoril y de Niza. Promovió la construcción de la Ciudad del Artista Fallero en el barrio valenciano de Benicalap.

JOAQUÍN RODRIGO VIDRE

Sagunto, Valencia, 1901 – Madrid, 1999. También conocido como el maestro Rodrigo, con 16 años comenzó sus estudios musicales. Fue entonces cuando se matriculó en el Conservatorio de Valencia. Posteriormente se trasladaría a París, donde hizo sus primeros trabajos de composición: "Zarabanda lejana" y "Preludio al gallo mañanero". Una de sus primeras composiciones fue interpretada por la Orquesta de Valencia. En 1940, estrenó en Barcelona el "Concierto de Aranjuez", para guitarra y orquesta, que le elevaría hasta la cúspide de la música. Tuvo tanto éxito que pasó a ser considerado el mejor compositor español de la posguerra.

Elena Cortés Altabas

Conocida como Helena Cortesina (Valencia, 1903 – Buenos Aires, 1984) fue una bailarina, actriz de cine y teatro, y una de las primeras directoras de cine de España. En 1923 rodó la película *Flor de España o La historia de un torero* convirtiéndose junto a Elena Jordi —que dirigió en 1918 *Thais*— en una de las pioneras del cine español. En los años 30 era una de las principales actrices de las obras escénicas de Federico García Lorca. Con la llegada de la Guerra Civil se exilió a Argentina, donde acabaría falleciendo a una edad avanzada.

CONCHA PIQUER

Valencia, 1906 – Madrid, 1990. Cantante y actriz, una de las figuras más relevantes del género de la copla en España. Interpretó con un estilo depurado de gran perfección vocal las composiciones más famosas de la canción hispana, casi todas obras de Valverde, Quintero, León y Quiroga, como *Ojos verdes*, *Tatuaje*, *Y sin embargo, te quiero*, *En tierra extraña* y *Lola Puñales*.

PEPITA SAMPER BONO

Valencia, 1908-1998. Modelo y la primera Miss España. El primer certamen se realizó el 25 de enero de 1929 en la sede del diario ABC en Madrid, participando en el evento veintiséis candidatas. En aquel tiempo el título se llamaba «Señorita España». Tras ser elegida Pepita fue invitada por el ayuntamiento de su ciudad natal para presidir las Fallas de Valencia. Pepita Samper nunca fue Fallera Mayor de Valencia, aunque se considera su predecesora ya que actuaba como embajadora de la ciudad al haber lucido el traje típico valenciano durante los certámenes de belleza en los que participó.

MIGUEL HERNÁNDEZ GILABERT

Orihuela, 1910 – Alicante, 1942. Poeta y dramaturgo de especial relevancia en la literatura del siglo xx. Aunque tradicionalmente se le ha encuadrado en la generación del '36, Miguel Hernández mantuvo una mayor proximidad con la generación anterior hasta el punto de ser considerado por Dámaso Alonso como «genial epígono» de la generación del '27. Es uno de los poetas más influyentes en la lengua española del siglo XX y sus poemas han sido muchas veces editados y cantados por intérpretes como Joan Manuel Serrat.

ENRIC VALOR I VIVES

Castalla, Alicante, 1911 – Valencia, 2000. Hizo uno de los trabajos más importantes de recolección y recuperación de la lexicografía valenciana y fue uno de los principales promotores de la estandarización y normalización del idioma valenciano. En 1983 publicó *La flexió verbal*, ordenando la amplia dialectización valenciana de la conjugación verbal, con lo que se convirtió en el referente principal para la normativa actual de los verbos. Esta obra se utilizó como material básico para la enseñanza obligatoria de los escolares valencianos.

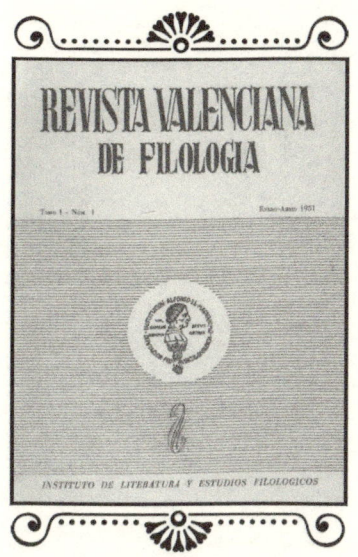

ARTUR ZABALA I LÓPEZ

Valencia, 1912-2001. Escritor e investigador. Fue archivero bibliotecario en la Diputación Provincial de Valencia, haciéndose cargo de los correspondientes servicios y entidades adscritos a esta institución, donde llevó a cabo lo que se considera su tarea más importante: la fundación de la Institución Alfons el Magnànim (1947), un organismo dependiente de la Diputación y acogido al CSIC, que tenía como objetivos promover la investigación y la edición de estudios sobre temas valencianos. Dirigió la *Revista Valenciana de Filología* (1951).

MATILDE SALVADOR I SEGARRA

Castellón de la Plana, 1918 – Valencia, 2007. Es una de las figuras más representativas de la música y la cultura de la Comunidad Valenciana. Recibió la medalla de la Universidad de Valencia en 2001. Destacó por su firme compromiso con la lengua y cultura valencianas. Compositora y pintora ha sido una de las figuras más representativas de la música y la cultura valenciana del siglo XX. Entre su producción sinfónica destacan los balets *El segoviano esquivo* (1953) y *El sortilegio de la luna*, de 1954. También las óperas *La filla del Rei Barbut* (1943, estrenada en Castellón de la Plana), basada sobre *Tombatossals* de Josep Pasqual Tirado, y *Vinatea,* que recrea un episodio de la *Crónica de Pedro el Ceremonioso,* con texto de Xavier Casp.

VICENTE GAOS GONZÁLEZ-POLA

Valencia, 1919-1980. Poeta, ensayista, crítico literario, traductor y profesor español, muy destacado a partir de la primera generación de posguerra o Generación de 1936. Fue galardonado con el premio Adonáis de poesía en su primera convocatoria (1943). Con carácter póstumo obtuvo el Premio Nacional de Poesía (1980). Sus obras más reconocidas son: *Arcángel de mi noche, Sobre la tierra, Un montón de sombras* y *Última Thule*.

ANTONIO FERRANDIS MONRABAL

Paterna, Valencia, 1921 – Valencia, 2000. Popular actor, recordado principalmente por su personaje de Chanquete en la serie *Verano azul* (1981) y por protagonizar la primera película española que ganó un premio Óscar a la mejor cinta de habla no inglesa, *Volver a empezar* (1982).

Luis García-Berlanga Martí

Valencia, 1921 – Madrid, 2010. Director de cine y guionista. Superó la censura inteligentemente, consiguiendo hacer crítica social de una manera sublime. Entre sus obras más conocidas está *Bienvenido Mr Marshall, El verdugo, La vaquilla* o *Plácido*. Por esta última incluso llegó a estar nominado al Óscar a mejor película extranjera en 1961. Obtuvo premios en todos los festivales internacionales de renombre y nos legó una filmografía de gran valor artístico e histórico.

JUANA FRANCÉS

Altea, Alicante, 1924 – Madrid, 1990. Pintora de fama internacional. Sus obras fueron expuestas en Londres, Venecia y Nueva York como una de las artistas españolas de vanguardia más importantes del siglo XV. Como cofundadora del Grupo El Paso, creado en 1957, participó de la configuración y definición de la vanguardia de posguerra. Sus obras destacan dentro de la corriente informalista con una pintura muy radical y expresiva, aunque nunca dejó de explorar otros caminos pictóricos de expresión adelantándose a la nueva figuración con obras impregnadas de crítica social.

Vicent Andrés Estellés

Burjasot, Valencia, 1924 – Valencia, 1993. Poeta y periodista con amplia obra en lengua valenciana. Está considerado uno de los principales renovadores de la poesía contemporánea en valenciano, desempeñando un papel que podría asimilarse, en cierta medida, al que tuvieron —en el siglo XV— Ausiàs March y Joan Roís de Corella.

María Concepción Alós Domingo

Conocida como Concha (Valencia, 1926 – Barcelona, 2011), fue una escritora española que obtuvo dos veces el premio Planeta, en 1962 con *Los enanos* y en 1964 con *Las hogueras*. Su obra se enmarcó dentro del realismo y del testimonio social. Trató con un lenguaje directo temas poco habituales en la literatura española de entonces, como el sexo, la homosexualidad y la prostitución.

PEDRO RICO CUTILLAS

Más conocido como Pedrito Rico (Elda, 1932 – Barcelona, 1988). Cantante de copla, flamenco y canción melódica; bailarín y actor español. Durante finales de los años cincuenta del siglo XX y la década de los sesenta fue especialmente popular en Argentina y otros países de Latinoamérica, y en menor medida en España, de donde se exilió por la persecución del franquismo debido a su homosexualidad. Publicó más de una decena de álbumes con temas como "Mi escapulario", "Dos cruces" o versiones de "Mi jaca" y "Campanera"; y protagonizó la película argentina *El ángel de España* (1957) y las españolas *Feria en Sevilla* (1962) y *Vestida de novia* (1966).

Nino Bravo

Fue el nombre artístico de Luis Manuel Ferri Llopis (Ayelo de Malferit, Valencia, 1944 – Villarrubio, Cuenca, 1973). Cantante español de gran popularidad. Se dio a conocer en el Festival de la Canción de La Vall d'Uixò en 1968. Tuvo un enorme éxito debido a su gran potencial de voz. El 16 de marzo de 1973 realizó su última actuación en Valencia, dentro del Parador 73 de las conocidas Fallas valencianas. Allí cantó, por primera y única vez, el *Himno de la Comunidad Valenciana* de José Serrano, acompañado por el público asistente. Desde mediados de 1969 hasta abril de 1973, Nino Bravo grabó 60 temas que se han convertido en clásicos románticos por excelencia. Falleció muy joven en un accidente automovilístico.

JUAN JOSÉ MILLÁS GARCÍA

Valencia, 1946. Escritor y periodista. Su obra narrativa, traducida a más de una veintena de idiomas, ha sido reconocida con los más prestigiosos galardones literarios del ámbito hispano. Dentro de esta labor, es el inventor de un género nuevo: el articuento, que mezcla relato de ficción y artículo periodístico. Compagina su labor de narrador y columnista con la de conferenciante, director de talleres de escritura y colaborador en programas de radio. Recibió el Premio Planeta en 2007 con su novela autobiográfica *El mundo*.

CAMILO BLANES CORTÉS

Más conocido por su nombre artístico Camilo Sesto (Alcoy, 1946 – Madrid, 2019), fue una de las voces insignia de España, galardonado en 2011 con la medalla «Máximo Orgullo Hispano», entregada en la ciudad de Las Vegas (Estados Unidos). Con más de 40 producciones discográficas y gracias a una actividad sostenida durante las décadas, a lo largo de su carrera totalizará 52 semanas como número 1 en la lista de Los 40 principales. Sus ventas totales se estiman en más de 2,5 millones de copias en el mundo. Como compositor, escribió temas para artistas como Miguel Bosé, Ángela Carrasco, Sergio Fachelli, José José, entre otros. En 1975, protagonizó el papel de Jesús en la ópera rock *Jesucristo Superstar*, que él mismo financió.

Rita Barberá Nolla

Valencia, 1948 – Madrid, 2016. Fue alcaldesa de Valencia entre 1991 y 2015, diputada por Valencia en las Cortes Valencianas entre 1983 y 2015 y senadora por designación autonómica desde 2015 hasta su fallecimiento. Reelegida en las consultas de mayo de 1995, junio de 1999, mayo de 2003, mayo de 2007 y mayo de 2011, siempre por mayoría absoluta, durante su gestión se llevó a cabo la construcción de la Ciudad de las Artes y de las Ciencias, con el Oceanográfico y el Palacio de las Artes; así como el Palacio de Congresos. La celebración en 2007 de la trigésimo segunda edición de la Copa América de Vela y la Fórmula 1 por las calles de la ciudad fueron otros proyectos que vieron la luz durante su mandato, clave en el desarrollo y la modernización de la ciudad de Valencia.

Santiago Calatrava Valls

Benimámet, 1951. Arquitecto, ingeniero civil y escultor. Entre los premios y reconocimientos que ha recibido destacan el Premio Príncipe de Asturias de las Artes de 1999, los premios Nacional de Arquitectura y Nacional de Ingeniería Civil, ambos en 2005; y el Premio Europeo de Arquitectura de 2015. Se formó en la Universidad de la ciudad de Valencia y es muy conocido en gran parte del planeta. Para nosotros, sin duda, su obra más emblemática es la Ciudad de las Artes y las Ciencias.

JOSEP GREGORI SANJUAN

Alzira, Valencia, 1959. Narrador y editor valenciano, fundador de la editorial Bromera en 1986, la más importante de la lengua valenciana, que ha publicado más de 1.500 títulos. Actualmente jubilado, Gregori sigue presidiendo la Fundación Bromera, para la promoción de la lectura y de la lengua valenciana.

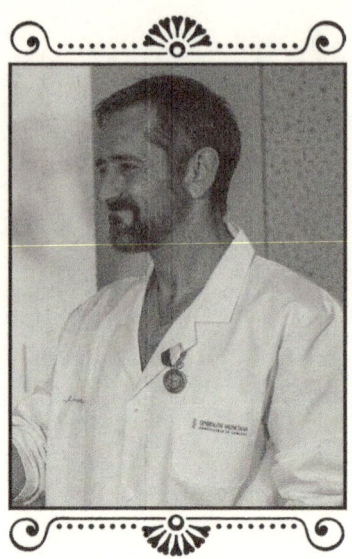

PEDRO CARLOS CAVADAS RODRÍGUEZ

Valencia, 1965. Se licenció en Medicina en 1988 en la Universidad de Valencia. Realizó la especialidad de Cirugía Plástica y Reparadora como Médico Interno Residente en el Hospital La Fe de Valencia. Tras una etapa en el Centro de Rehabilitación de Levante y el Hospital Clínico, regresó al Hospital La Fe, con estancias temporales en Kenia, donde ha creado una fundación de cirugía reparadora. Tras la trágica muerte de su hermano y sus estancias en Kenia creó la Fundación Pedro Cavadas, organización sin ánimo de lucro que se dedica a cirugía reconstructiva en África. En 2009 realizó el primer trasplante de cara realizado en España y octavo del mundo.

LAURA GALLEGO GARCÍA

Quart de Poblet, Valencia, 1977. Precoz autora de literatura infantil y juvenil especializada en temática fantástica. Ha estudiado Filología Hispánica en la Universidad de Valencia. En el año 2005 ya tenía más de una decena de títulos publicados con decenas de miles de ejemplares vendidos, lo que la convierte en un referente de la literatura juvenil española. Su novela *Donde los árboles cantan*, publicada en octubre de 2011, ganó el Premio Nacional de Literatura Infantil y Juvenil correspondiente al año 2012. El Ayuntamiento de Alcalá de Henares y la Asociación de Libreros y Papeleros le concedió en 2011 el Premio Cervantes Chico de Literatura Juvenil y fue galardonada con el Premio de Literatura Infantil El Barco de Vapor en 2002 con su obra *La Leyenda del Rey Errante* y en 1999 por su obra *Finis Mundi*.

Historia esencial de Valencia

Enrique Gallud

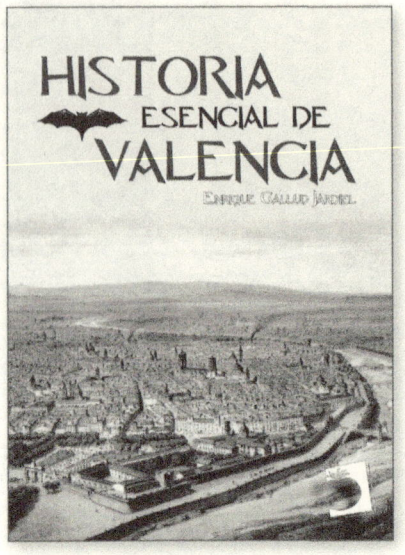

Abarcando desde la época pre-rromana y la fundación de Valencia en el 138 a. C. hasta nuestros días, esta Historia esencial de Valencia presenta una visión sintética y panorámica a la vez de la génesis y el desarrollo de un pueblo que ha destacado por su cultura, por su arte, por su proverbial alegría y por la afabilidad de sus gentes.

La historia de Valencia y sus ciudades está llena de grandes gestas, de sucesos trascendentes, de personajes ilustres, de hitos culturales y de acendradas tradiciones. En este libro se ha pretendido elaborar una cuidada síntesis de ello, haciéndolo accesible a lectores de toda edad y formación, sin desvirtuar los hechos, sin ignorar lo importante y con el primordial objetivo de realzar y exaltar la vida de un pueblo noble y artístico.

I.S.B.N.: 978-84-10227-98-9

EDICIONS PERELLÓ